JN409949

잉걸족 동인지 제1집

당신이 꿈꾸는 동안

조재학 외 9명

당신이 꿈꾸는 동안

자서自序

오래오래 꺼지지 않을 불씨로 남기를

짧지 않은 세월을 함께 해온
우리 잉걸족 동인의
정성을 모아, 우정을 합쳐
첫 번째 동인지를 냅니다
오래오래 꺼지지 않을 불씨로 남기를.

2018년, 뜨거운 여름을 기억하면서
조재학

차례

노수옥

백성

손나래

이수니

이인

조재학

강스텔라

중앙대학교 예술대학원 문예창작전문가과정 수료(28기)

사진작가, 작사가

E-mail : photostela61@hanmail.net

사진의 뒤편 외 4편

옥색 저고리를 입은 나인이 소주방을 나오다가 넘어졌습니다 흙을 털었지만 햇살만 부서집니다 말을 가득 삼킨 눈에는 서리가 맺혔고 입에는 풀이 무성했습니다 경복궁 뒷문으로 나가 키보다 높은 담장에 붙어 서서 저편의 공기를 더듬습니다 카메라 셔터 소리와 담을 넘어오는 자동차 경적이 뒤엉킵니다 손에 닿은 소리를 바라보며 담장 밑에 앉아 고여있는 시간을 털어냅니다 먼지가 된 손으로 턱을 괴고 물끄러미 나를 쳐다봅니다

내게 찍힌 그림자입니까 내가 펴 올린 공간입니까 나는 당신을 훔쳤나요 움직이지 않는 등을 밀었나요 당신은 정지된 시간을 열었나요 원하지 않는 거리에서 손을 내밀었나요 우리가 잡은 각도는 착각일까요 먼저 다녀간 시간이 손을 내민다고 삭제할 수는 없잖아요 댓돌 위에 엎어진 고무신을 가지런히 놓았을 뿐인데 당신은 우리 옆에서 살고 있었네요 나를 불러낼 각도는 지금 어느 들판을 지나가고 있을까요 나도 자라고 있었나 봐요

렌즈를 돌리면 흩어진 시간이 호흡하는 시간보다 먼저 달려와 자세를 취합니다 표정 없는 눈으로 뛰어나와 공기를 어루만지며 흐르지 않는 눈물을 닦습니다

사진 뒤편에는 지나간 노래가 오늘인 듯 손을 내밀며 부서진 조각을 맞춥니다

알레르기

종이 한 장도 무거워 손으로 집을 수 없어요
눈썹 끝에 달린 우주의 물 한 방울도 만져서 안 된다며
의사는 핫파스 처방을 내렸죠

그럼 밥은 어떻게 먹지?
돈보다 이별이 쉬운데

파스 붙인 자리에 두꺼비 하나 숨어들더니
몸 구석구석을 밟고 다니며 양귀비를 피웠어요

정말 떠난 거니 그건 반칙이잖아
뱉어내지 못한 말 고여 있는데

붉은 꽃 검은 꽃 문신으로 울다가
독이 자라는 계절이 되었어요

너의 속삭임은 함정이었어
용기가 필요하다고 했지
네가 손가락 사이로 빠져나간 용기에 대해 골몰할 때
나는 함정의 깊이에 빠져 있었어

다 자란 두꺼비는 등에 자신의 무기를 달콤하게 숨겼지요
내 안에 독기가 자란다는 것은
징그러운 벌레 삼천 마리를 풀어놓았다는 것이죠
손끝에 가시 천 개쯤 달렸다는 말이죠

밤의 척추

지옥 끝에 침대가 있다고 믿는 자들
소환하지 못한 잠은 크로노스에게 맡기고
나는 영원히 잠을 잊어버린 짐승처럼
광장을 어슬렁거린다

불면증을 앓고 있는 가로등
하루살이 꿈으로 눈 밑이 새카맣다
광장 의자에 누워 밤을 뒤척이는 이들
나는 발밑에 떨어진 잠의 부스러기를 줍는다

지상으로 내려와 네온사인 속으로 숨은 별
지친 등에 주저앉아 깜박이고 있다
풀씨 사이에 신발을 벗어두고
잠을 버리고 간 정거장 이야기를 쓰고 싶다

막차를 놓치고 뜬눈으로 밤을 새운 삼십칠 번 정류장
그때 나는 잠시 다른 생각을 하고 있었다

윤기 잃은 눈들이 척추를 비틀기 시작한다
끝내 밤의 자세에 닿지 못한 눈동자

그렁그렁 새벽을 떠돌며 날을 세운다

고객님

통장에서 동백을 인출하여 봄이 오는 길목에 심었어요
리넨 원피스를 입고 꽃피는 겨울에 앉아 있어요
맛있는 사람을 만나고 독한 술을 마셔도
봄은 쉽게 오지 않네요

당신은 동백꽃 모가지를 톡 톡 따는 나쁜 손

동백이 인출되어 이름 없는 계절에
노래가 되고 사랑이 되는 이유를 더듬거리던 그가
숨을 몰아쉬며 말했다

나쁜 손이라니요
내 이름은 보이스 피싱입니다
고삐 풀린 일상에 긴장을 불어넣는 아름다운 손이죠
당신의 멍한 시간을 위해 잠시 검문하겠습니다
당신은 지금 어디를 향해 가고 있나요
당신이 마주하는 얼굴들은 어떤 표정인가요

당당한 그의 목소리에 동백 꽃잎 마구 뿌려주고 싶었다
고삐 풀린 망아지 도시의 숲속으로 마구 달리는 사이

이름 석 자 여기저기 흘리더니 끝내 지워졌다
어떤 이름에 고개를 돌려야 할지 난감했다

흔들린 순간을 들킨 나는
그의 고객이었고
그는 절벽에서
풀어진 고삐를 잡아당기는 아슬한 나의 소리였다

안녕하세요 고객님
통장에서 동백꽃이 인출되어 소나기로 쏟아지네요
사랑도 술도 시도 믿지 마세요
사방천지 가면을 쓴 목소리 역겹지 않으세요

조금만 참아요 겨울만 견디면 까만 목은 붉게 잘려나갈 테니까요

푸른 방

겨우내 우리는 침대를 뒤엎은 채 아름다운 작업을 벌였지
치밀한 흔적을 남기는 것이
우리의 이별이라고

곰팡이와 담배 냄새 찌든 곳에서
그림자를 퍼즐 했어
푸르렀을까 우리는
난 사실 그게 더 궁금해

암내 풍기는 모서리에
너를 머물게 하기에는
부유하지 않은 우리 발걸음이 너무 더뎠지

들었니 귀가 꽃처럼 피어나는 계절을
밤이거나 아침이거나
우리가 나눈 이별은 향기가 없었지

습득해가지 못한 마음이 텅 빈 벽에 걸려있고
도마에는 너의 시간이 어지럽게 남아있어
어느 날의 풍경이 식탁에 앉아 남은 이야기를 하고

냉장고에는 우리가 남겨둔 내일이 마르고 있었어

너는 미친 듯이 목을 긁었고
눈으로 옮겨간 곰팡이는
뛰쳐나오려 했어

닦아내면 낼수록
깊이 피어나는 곰팡이
더없이 아름답고

우리의 이별은 치밀하도록 푸른 방에 갇혔지

고은진주

중앙대학교 예술대학원 문예창작전문가과정 수료(29기)

2016년 5 · 18문학상 당선

2018년 〈농민신문〉 신춘문예 당선

『시인수첩』 신인상 수상

E-mail : melod@naver.com

신생의 여정에게 외 4편

초원의 봄과 가을이 가축의
무리를 끌거나
미는 이동을 보면서
십년이나 묵은 이삿짐을 싼다

내 글월에는 불가능이 많아서 도전의 목록에
먼지가 자욱하다
일상이 치열했으므로
그릇 몇 개는 이가 나갔고
가구들은 제자리에서도 모퉁이가 벗겨졌다
깨지기 쉬운 것들은 손을 떼고
손을 댈 수 있는
뒤죽박죽의 사이사이를
곰곰 채워 넣고 있다
손때 절은 세간을 포개다보면
겹치는 살림끼리 온화해진다
제아무리 눌러 담아도
끙끙거리면서도 지퍼가 닫힐 짬을 만들어 낸다

쭉쭉 허리를 편

다큐멘터리 속에서는
한 마리 낙타 잔등이 이삿짐 트럭이다
가진 짐 모조리 싣고 겨우 남는 자리에
새로이 태어난 신생의 여정이
음메, 가늘고 좁은 틈바귀에 실린다

신생에게 바라거니와
산을 넘고 물을 만나더라도
바람만 불지 않았으면 좋겠다

밀밭에서 부는 바람을 맛보다

잘 삶은 바람의 면발위에
춘장을 붓고 돌아서는 육화반점의 사내
밀밭 한 뙈기를 능수능란하게 치대고
참 찰지게 주무른다
뭉툭한 덩어리에서
가늘고 찰랑대는 몇 십 수의 질곡을
끊지도 않고 느긋하게 뽑아낸다

사내의 손끝에서 밀밭냄새가 솔솔 밀려나온다

첫사랑 시들해지던 저녁 무렵
꾹꾹 밟아두었던 밀밭 한가운데로 들어가
까끌까끌하게 누워 속삭이던
그때 그 밀어까지,
사내의 손은 생생하게 일렁이는 리듬이다
가닥가닥이 모두
쫄깃한 노랫말이다

반죽이 뭉쳐졌다가 늘어나는 세밀한 악력
탁탁 털어낼 때마다

밀밭의 바람이 곱빼기로 번져나간다
손에 질척거리며 달라붙어 있는 한때를
물렁한 요란을,
아무렇지도 않게 주물러 낱낱의 갈래로
나뉘는 것을 바라보다
탱글탱글 남아 있던 한 낱의 기억이
아주 불어터진 것을 알아차렸다

오려진 대답

잘 오려진 대답이
뒤늦게 나타났다

세상에서 가장 예의 없는 것들 중에
느닷없는 질문도 포함되어 있다
팔목을 잡고 귀를 질문하거나
허벅지에서 부친의 함자를 묻는다
야욕으로 산간의 날씨를 더듬으면서
공모의 답변을 요구한다

그러나 보라,
어릴 때 누구나 한번쯤 오려본
종이인형의 의상처럼 겉으로 꿰맞춰야 했던 대답이란
건성일 수 밖에

능멸의 수치는 머뭇거리는 사이의 일
입 다물고 삼십년 되짚어 갈고닦은 대답
때를 만나 피의彼疑의 질문으로 바뀐 것이다
왜?
순결한 산간을 추행하고도 묵인된 도시에서

두 발 뻤고 안락을 누렸으면서
창백함이 교차하는 폭로에도
교묘하게 오려진 대답만 들려온다

망자의 넋을 받는 종이인형은 마땅히 불태워져야 하는데
밤이 키운 실물처럼
어둠의 눈치와 변명으로 꼭 닮아 있는
벌거벗은 종이인형들
뾰족뾰족한 대답과 구불구불한 질문은
타가수정의 결과물이다

황소 레미콘

까마득한 지상의 높이를 더욱 높이려고
황소를 닮은 레미콘들이
우직하게 줄을 잇는다
주상복합의 요구에 맞는 배합으로
돌아야 스카이라인이 높아진다는 듯
인공위성의 속도로 지구의 기울기로
저의 속을 굳히지 않으려고 꼬리로 파리를 쫓고
쉰 적이 없는 되새김질과
워낭을 쩔렁거리며 돈다
고층의 군락지에 어떤 계층이 모일 것인지
윤곽이 드러났지만 붓는다,
붓는 곳마다 굳는다
인간의 실선에 갇힌 구조물이
결국에는 인간을 가둘지도 모르지만
레미콘은 인간의 일에는
참견하거나 비탈을 두지 않고
고지식하게 압축강도를 높인다
콘크리트 비비는 일이
손을 비비는 일보다 전략적이다
가끔 하늘은 너무 쉽게

저의 발을 허락하는 것 같다
그린과 조망권을 향해 끈질긴 지구의 경사,
그 각도로 돌고 굳히고 헐어내는 재개발 현장
쇠퇴의 도심에서 벗어난 난민들이
레미콘처럼 돌고 있다

연의 홀소리

수반에 앉은 연을 들여다보는데
뭐하세연蓮,
갓 누군가의 애인이 된
소연이 묻는 것이었습니다
나라연의 배꼽에서 아연하게 나온 얼굴로
허방이 아직 묻어 있는 손톱으로
천연하게 몽우리 짓는 것이었습니다

매연의 밤이 와서
실연의 밤이 가서
청승으로 초연해진 본연 앞에서
사연일랑 묻어두고 호시절을 그리워할 때
홀소리는 밝고 산뜻한 모음으로
하소연하지 않았습니다
필연처럼 출연한
연인의 손을 잡고
때맞춰 돌아온 심연을 향해
인연이란 노래를 불러주었습니다
목소리의 참견이란 도무지 없는 홀소리로
연연해하지 않으면서

유연하게 한 잎 한 잎 벌어지는 일로
들고나지 않으려는 우연으로
당연하게 꽃피우는 것이었습니다

호연으로 조연을 발음하는 구태의연에도
수반에 꽉 차고 넘치게 된 연들
공연히 쓸고 간 밤을 술술 불고 있었습니다

김순자

중앙대학교 예술대학원 문예창작전문가과정 수료(29기)

2000년 『문학세계』로 등단

굴포문학회 초대회장 역임

2004년, 2008년 인천문화예술재단 창작지원금 수혜

시집 『풀잎은 누워서 운다』 『청빈한 줄탁』 『승객』

E-mail : sikim4021@hanmail.net

정원거미 외 4편

친정집 마당가 살구나무도
사랑채 외양간도 그대로인데
아버지가 매어주신 새끼줄 그네
어디 갔을까?
바람 피한 헛간 구석 정원거미 한 마리
허물 벗고 몰려나온 새끼들에게 뼈도 없이
아삭아삭 뜯어 먹힌다
어미란 이름에 어미가 갇혀
족보 같은 껍데기만 그네를 탄다
조각난 퍼즐 속 그 어디서
고요히 웃으시는 우리 부모님
아뿔싸! 나도 거미였구나
살 오른 뱃살을 슬그머니 잡아 본다
두고 온 새끼들이 뒤통수를 툭툭 친다
이제 허물 벗을 때가 되었구나
주눅 든 살점이 간질간질 간지럽다
거미처럼 실을 뽑듯 서둘러
집으로 가는 길, 비가 내린다
젖은 초여름 향풍을 타고
연초록 떡갈잎 화들짝 피어난다

석양

술지개미 퍼먹은
아홉 살 준호 얼굴
밀주 단속 나온 관리를 피해
달아나다 넘어진
허기진 보릿고개
무릎에선 노을처럼 피가 번지고
굴렁쇠를 굴리던 동네 큰 마당
아이들은 '무궁화 꽃이 피었습니다.'
진종일 어디에 숨었던 것일까
겸연쩍게 웃으며
불쑥
저녁 밥상머리에 다가앉는

나팔꽃

분홍빛 사랑이었을까
보랏빛 그리움이었을까
동그랗게 입 크게 키우고
입 안 가득 내지르지 못한 말
요람처럼 아득한 색깔을 빚는다

웃으며 살아도
한평생 돌아보면 짧은
순간일 뿐
무엇이 옳고
무엇을 그르다 할까

떠날 때 입 꼭 다물고
쉽게 떠나는
그것이 그의 말이고
또한 그의 입장인 것을

벚꽃

향긋한 보름달 그림자에 걸린 마음 뒤척이다 문 틈새로 빠끔히 밖을 내다보았지 그런데 아 글쎄 물오른 벚나무 고년이 고 새침한 년이 잽싸게 분홍빛으로 온 동네를 와장창 열어 제치고 화들짝! 수작을 부리는 게 아니겠어 불여우 같은 앙큼한 년 그러니 부처가 아닌 담에야 어느 남정넨들 안 넘어 가겠어 망측하고 발칙한 년 풀풀 암내를 풍기며 살살 눈웃음을 치는 맹랑한 고년 살랑살랑 치맛자락 눈부시게 고운 고년 정말 환장하겠구먼 고 깜찍한 년 달님도 홀렸는지 실실 웃고 있었어 누구든 후려내는 참말로 얄미운 고년 깨물어 주고 싶은 예쁜 년 미치도록 고년 한 번 꼬옥 품고 싶은 밤이었어

시가 익는 마을

두메산골 괴산에서 고요히 살다
태풍에 휩쓸려 끓어 박힌 곳
인천에서 짠물 한 모금에 그럭저럭
목숨 줄 연명하며 사십여 년

어느 봄날 회오리바람 불어왔지요
바람결에 구미 당기는 냄새가 등골을 간지렵혀요
언제나 흙내 나는 곳으로 쏠리던 더듬이
벼르고 별러 찾아간 곳은 흑석동 꼭대기
구수한 언어가 풍성하게 둥둥 흘러요

이제껏 만져보지도 못한 싱그러운 바람
술에 취한 듯 정신이 혼몽해요
술이 익을 때 뽀르르뽀르르 괴던 달콤함 같은
코를 킁킁대며 진종일 땀을 뿌려요

고통이 술이 될 수 있을까요
술지게미를 짜듯 몸이 뒤틀려 뻐근해진 어깨
발바닥엔 구덕 살이 배기고 꾸린 내가 풍겨요
하지만 난 그 두엄 냄새를 몹시 사랑합니다

내 몸에 배어 있는 고인 물을 뽑아내려면
보폭에 맞춰 양껏 새 물을 당겨야 하겠지요

보글보글 시가 익는 마을
모두들 맛나게 합평을 하며 시를 끓여요
오감이 무디면 음식도 제 맛이 아니라던데
열정을 다해 정성을 드리면 나도 시를 앉힐 수 있을까요
굳어진 마디마디를 펴고 돌돌 익고 싶어요
시가 피어나는 이 마을에서 마냥

김유

중앙대학교 예술대학원 문예창작전문가과정 수료(29기)

2014년 『문예춘추』로 등단

시집 『귀뚜라미망치』

E-mail : young-h-k1@hanmail.net

동그라미의 이경裏經 외 4편

제 몸을 굴려가며
삶의 크기를 펼쳐 보이지만
오래 전엔 뻣뻣한
직선의 연장이었을지도 모른다

앞만 보고 뛰어가다
지평에서 수평으로 떨어질 때
포물선을 그리던 직선들

그 궤적은
직선의 맘 같지 않게
파르르 휘어지게 된 것이다

서둘러 일을 벌려놓더니
얼마 가지 않아 시들해지던
직선의 속성은 꼬리를 감추고

유들거리던
자존 아닌 자존만 살아남아
여기까지 오게 된 것이다

제 꼬리 잡고 이어 돌다보면
어느덧 무수하게 여울지는
동그라미의 날들
그 속에 얽매인 세상은
점점 바늘구멍만큼 작아지는데

그렇다면 누가 누구를 위해
직선을 포기하고
둥글둥글해져야 하는가 말이다

네 안에서 꼭짓점 잡고
무지개만 피워 올리다 보니

동그라미의 이경은
이어지는 마침표 같은

나의
미시적微視的 삶
바로 그

따옴표를 멀리하고

내 앞을 스쳐가는 방정식들
더하고 빼던 날들이
스스럼없이 무너지고 만다

남을 들춰 업고
뛰어가는 또 다른 남들
남들이 볼까
서둘러 괄호를 치고
또 다른 남들을 불러모아
무슨 약속이라도 하려는 듯
중괄호, 대괄호를 치며
닫힌 세상을 만들어가는 하루가
교활하게 이어지고 있다

강도를 높여가며 달려드는
다채로운 인생방정식들
이젠 끝난 대괄호까지 끌어당겨
서로 곱하고 나누기를 하고 있다

뒤섞고 두드리고 흔들다 보면

추려질 거 같은 따옴표들
홑 것이든 겹것이든
어느 하나 걸리기만 하면
잭팟 터뜨리듯
대박을 꿈꾸는 따옴표들이
여기저기 기웃대고 있다

순수이성을 잃고
남의 것만 넘보는 요즘 세상

따옴표 없던 시절이
더없이 그리운
나의
후기 인생방정식

자귀나무

이슬 촉촉한 밤하늘에
태고太古는 빛을 잃어가고
이따금 추락하는 꿈을
포용하는 젊은 날이 있다

무명 배우처럼 낯설지만
가야 할 길을 아는 그는
세상을 놀라게 할 무대를
묵묵히 마련하고 있는 것이다

이른 봄을 다 보여준 뒤
초록 밤을 속속들이 들어내
화관花冠을 늘어지게 걸어놓은
유월아침 무대

뒤늦은 바람 장단에
나뭇가지들이 부채춤을 시작한다

앉았다 일어섰다
잔잔하게 꽃부리를 흔들어대는 자귀

무대가 격정으로 치닫고 있다

오늘 같은 날이 또 올까
화관무花冠舞 하나로
초신성*超新星의 대폭발을 재현한
저 열정!

환희의 교향곡으로
봄이 깊이 빠져들고 있다

* 보통 신성의 1만 배 이상의 빛을 내는, 특별히 큰 신성.

땡땡 거리*

꼭두새벽 집을 나선다
한강 바람에 맞서 잘름대는 걸음걸이
밥벌이 가는 발길을 땡땡 소리가 가로막는다

다가오는 열차 앞에
평생 일단정지를 모르는 발걸음들
생사를 갈라놓았던 무수한 발자국 위로
차단기 가슴이 덜컹 하강한다

아옹다옹 사오십년 산 집들은
고양이들과 온종일 철길을 뒹굴다가
초저녁에야 연탄불 갈러 들어간다

마그네슘 터뜨리는 흑백 사진관
새벽부터 가래떡만 뽑는 방앗간
부라더 미싱이 졸고 있는 세탁소
이따금 숨겨진 골목이 동영상에 뜨면
늦도록 SNS들이 휘젓고 다니느라
건널목까지 덩달아 바쁜 땡땡 거리

'완전 시골 느낌 그 자체'라며
연실 포즈 잡던 젊은 발길도 끊어지고
이제 줄섰던 맛집도
열차 끊긴 땡땡이도 잠든 밤

휴일도 없이
후끈 달아올랐던 마을에
어릴 적
함박눈이 내리고 있다

* 용산 이촌역간 백빈건널목을 끼고 있는 이면도로에 형성된 거리.

온도의 감정

자신을 표현하는 일
오래 전부터 그건
타고난 기질로 이어졌을 것이다

그렇지만 낯선 세상으로 나올 때의
첫 느낌은
두려움과 외로움의 극점으로
혼란의 도가니에 빠져들어
온도를 자극했을 뿐

내가 가고자 했던
방향과 의지의 눈금까지
끌어올리진 못했던 것이다

감정의 속살이
빙氷과 비등沸騰 사이에서
밋밋하게 굳고부터는

열정과 방임이 뒤섞여
미적지근한 물이 되고 마는

온도의 감정으로
스스로를 낮춰 왔던 것이다

봄을 앓던 꽃들이 지고
이파리가 나오기 전
막대기가 된 나무들의 허울

그래도 감정이 마를수록
마음의 골리수骨利水를 채워
새 잎이 돋아나도록 한껏
박동을 부추겨줘야 할 것이다

차분함은
흑백이 따로 노는
제 색깔이 없는
그런 감정 같은 것

열정을 나눠가며
새로움에 쏟아 붓는 것이야말로
마음을 한껏 끌어올리는

두려움과 자신감을 넘어
온도의 감정에
열정을 꽃 피우게 하는

나만의 생으로
이어질 수 있게 하는
바로 그것!

노수옥

중앙대학교 예술대학원 문예창작전문가과정 수료(25기)

2015년 『시인정신』으로 등단

한국문인협회, 서울시인협회 회원

시집 『사과의 생각』 『기억에도 이끼가 낀다』

E-mail : jadehill1004@naver.com

100번째 내가 반송되었다 외 4편

매매합니다
나를 팔려고 시장에 내놓았다

흙수저의 성분은 삭제하고 쓸 만한 물건이라며 그럴듯한 각주를 달았지만 편견과 냉기뿐인 거래는 일방적이다 일찌감치 싹을 잘라버리는 갑甲, 매몰찬 눈길에 소름이 돋는다 치열한 이력을 낱낱이 구매품목에 전시해도 눈길조차 주지 않는 거절의 방식은 변하지 않는다

초라한 스펙에는 덕지덕지 겨울의 흔적이 붙어있다 아무도 봄을 믿지 않는다 뿌리만 남은 구근은 또 혹독한 음지를 건넜는데 싹 틔울 곳이 없다 푸른 촉을 내밀어 나를 고백한 입술이 말라간다 내일은 또 어디에 나를 접목할까 봄의 꼬리를 붙잡고 101번째 이력을 전송한다

여전히 넘치는 자유를 탕진하며, 증오하며

간 빠진 시대

간과 쓸개를 빼놓고 출근을 하는 샐러리맨들
어젯밤 TV에서 곰 한 마리가 챙겨준
간장약을 들고 나간다

전철 손잡이에 매달려 한 남자가 졸고 있다
축 처진 어깨에 토끼 같은 딸을 등짐처럼 지고

깜박 잊고 쓸개를 챙겨 온 이 대리는
팀장의 불호령을 참지 못해 오늘 사직서를 던졌다
연신 허리를 굽실거린
쓸개 빠진 놈만 살아남았다

간이 배 밖으로 나온 이대리 점심으로 동태탕을 먹는다
쓸개 터진 동태탕
입 안이 쓰다
아무리 뒤적거려도 간은 보이지 않는다

퇴근시간
모두 포장마차로 몰려간다
간이 없으니 소주를 들이켜도 상관없다고

폐역

이곳에는 앞뒤가 잘려나간 시간이 살고 있다
연안의 바다를 싣고 달리던 열차가
거센 시대의 물결에 침몰한 날
그믐달도 뜨지 않았다
속도를 먹고 살던 철길
먹이를 놓친 침목 사이 내려앉은 침묵
드문드문 흰 민들레꽃이 터를 잡았다
녹슨 선로의 뼈대를 끌어안고
한 토막 기억으로 남아 있는 수인선
짠물이 묻은 칸칸의 보따리는 어디로 갔을까
흥정하던 아낙의 목소리는 가라앉고
소래포구에서 날아온 갯바람만
아직도 이 구간을 헤매고 있다
차단기가 가부좌를 틀고 앉은 건널목
멈춰선 벽시계가 대합실 창문을 닫아 건다
철길의 뱃가죽이 늘어지는 한낮
텅 빈 의자에 정지된 풍경이 앉아 있다

늦가을 쪽으로 기울다

털갈이하는 나무
견딜 수 있는 시간을 다 소비한
구멍 뚫린 이파리에 바람이 드나든다
시한부로 살다가는 계절처럼
어제 내린 비바람에 서둘러 잎을 버린 벚나무는
제 잎을 부장품으로 가져간다
아무도 조문 오지 않는 저녁
입을 다문 나무는 말이 없다

한림대병원 폐암 병동에 누워 있는
낙엽 한 장
이제, 늦가을 쪽으로 기운
허파에 조금씩 구멍이 뚫리고 있다

나뭇가지에서 날아가는 새 한 마리
새가 놓고 간 반동에
그가 흔들린다

도시는 모두 노선으로 얽혀 있다

길에서 길을 갈아탄다

카드 체크기가 재빨리 플라스틱머니로 거리를 환산한다
발 빠른 사람들은 의자에 꽂혀 몸을 맡기고
의자는 사람들을 껴안고 중심을 잡아준다
태초에 어머니의 자궁에서 익혀온 흔들림처럼
편안한 이 속도는 졸음을 불러온다

나는 손잡이에 매달려서
몇 개의 역을 지나며 노선표를 확인한다
손을 놓친 손잡이들
출렁거리는 머리 위에서 얕은 잠을 잔다

E마트 앞 비산사거리
순간 급정거에 창밖이 뛰어들어
몸에 고인 잠이 왈칵 바닥으로 쏟아진다

신호등의 지시대로 낯선 길이 달려오고
익숙한 길은 달아나 버렸다
나는 방향을 수정한다

길을 끊고 돌아서서 놓친 길을 다시 찾는다
"환승입니다"

목적지까지 몇 번을 갈아타야 할까
내 삶의 방식은 직선이 아닌 곡선이다

백성

중앙대학교 예술대학원 문예창작전문가과정 수료(29기)
2015년 『문학나무』에 시 「처서」 외 4편 추천으로 등단
2017년 『문학나무』 스마트소설 부문 신인상 수상
시집 『백수선생 상경기』, 소설집 『번트사인』
용인문화재단 문예진흥기금 수혜
E-mail : paiksungki@daum.net

그럴 줄 누가 알았겠나? 외 4편

내가 뭐라든
처음부터 그것은 안 된다고
괜한 공력 쓰지 말라고 여러 번 말했지

노을이 고추의 붉은 주름을 말아 올리는 늦은 8월
사립 어슬렁거리는 검둥이 포실한 뒷다리 보며
복날 생각나 군침 흘리는 것,

이제 겨우 발그레 물들기 시작하는 감잎
그 틈새로 보이는 땡감이 욕심나
긴 작대기 찾아서 이리 뛰고 저리 뛰는 것,

처삼촌 성묘길 위해 칭칭 동여맨 칡넝쿨이며
바람에 고개 젓는 간지러운 개망초 싹둑싹둑
목 치고 허리 잘라 훤하게 길 내는 것,

급할 때 쓰려고 한여름 가두어 논 물둠벙
병든 애비 몸보신한다고 미꾸리 몇 마리 잡으려
물꼬 허물고 아까운 물 무심히 흘려보내는 것,

한밤중
짝 찾아 신명껏 우는 여치가 시끄럽다
아예 재갈 물리고 문 섶 가까이 오지 말라며
굵은 다리 하나 뚝 분질러 버리는 것,

그러나 저러나
큰물 찬바람 한 번에 이것들 모두 떠내려 가버렸으니

그럴 줄 누가 알았겠나?

길을 알고 가는 이는 아무도 없다

어제 간 길을
아무 생각 없이 오늘 또 간다

다리를 건너
먼지 쓰고 누워 있는 풀잎도 밟고
키 큰 몇 그루 나무도 스쳐 보내고
발자국 찍히는 것 알지 못한 채
빠르게 지나가지만

바람이 실어 나르는 시간들과
무수히 낳다 지는 밤하늘 별들의 이야기는
잊은 채 흘러가지만

다음날
그 다음날도
아무 생각 없이 그 길을 또 간다

가면서
가끔 옷은 바꾸어 입어도
길을 알고 가는 이는 아무도 없다

늙은 나비의 변

꽃을 사랑했습니다

꿀은 더욱 사랑했습니다

한때 색과 향에 빠진 적도 있습니다

그러나 그것의 부질없음을 안 이후,

말없이 떨어져간 잎들이 좋아졌습니다

어느 날

비바람 휩쓸고 지나간 자리

잎 떨어지고 목 꺾인 꽃을 조문하러 갑니다

피는 꽃보다 지는 잎들이 더 아름다웠다고

온 자리로 제 몸 돌려주고 간 잎들을 보면

Luwak*도 리필이 가능한가요?

월요일 이 시간 카페는 어둡고 한산하다
창을 등져 검은 실루엣으로 보이는 여인 하나가
고양이를 안고 홀로 앉아있다
암갈색 무늬의 고양이, 번뜩이는 두 눈이 거울 같다

여인은 모자를 벗고 고양이 꼬리를 쳐들어 부드러운 털을 헤치더니
혀로 핥기 시작한다
약간의 몸부림이 있었으나 고양이는 처음이 아닌 듯 순순히 배설했다
껍질이 벗겨지고 과육만 남아 고양이 소화기관을 통과하며 숙성된
커피 원두 몇 개가 배설물에 섞여 탁자 위로 떨어졌다

매니저 님!
제발 손으로 직접 갈아서 새하얀 드리퍼에 골고루 앉혀주세요
그리고 꼭 핸드드립으로 내려주세요 나는 그것만 마셔요 아시죠
물을 아주 천천히 내려주세요 이 카페 안이 온통 야생 커피의 내음으로
가득 차게 부탁해요

탁자 위 Luwak 한 잔이 그녀의 빨간 입술을 기다리고 있다
어떤 맛일까 향이 안개처럼 피어오른다
그녀는 눈을 지긋이 감고 온몸으로 무엇인가를 상상한다
잭 니컬슨의 입술이 다가오고 뜨거운 혀가 입 속 깊이 파고들더니
목구멍을 간지럽힌다
인후를 통해 뇌로 흐르는 쾌감 전류, 입 속 가득히 넘치는 볼륨
혀끝에 오래 남아 있는 깊은 떫음과 고소함
아 황홀한 오르가즘 뒤 감미롭게 젖어드는 나른한 피로감 같은

여인의 볼이 점점 붉어지고 숨이 가빠진다
눈을 흘기며 가는 허리를 비비꼬더니
끈적끈적한 허스키로 나직하게 묻는다

봐요, 루왁도 리필이 가능한가요?

여인의 손이 고양이 목을 살며시 조르고 있다

* Luwak 커피 : 사향고양이 변에서 나온 원두로 만든 고가의 커피. 죽기 전에 꼭 한번 먹어야 한다는 명품.

발톱 깎기

발톱을 깎고 머리를 자르고
수염을 깎고 손톱을 자르고

한 달 몇 번씩
잘라내 버리면서도 나는
그것들과의 인연에 대해 아는 것이 없다

어디에서 와서 무엇을 하고 있었는지
나를 위해 함께 오래 살았을 텐데,
이리 쉽게 잘라버려도 되는 것인지

비명悲鳴도 유언도 없이 버려진
한때는 내 몸이었던 저들이
어디선가 과거처럼 썩어가고 말겠지만, 나는
소리 없이 썩어가는 내 지난날이 몹시 두렵다

잘려진 몸의 흔적이 몇 대代를 거슬러
어둔 과거의 단서가 되기도 한다는데
혹시 버려진 비밀들이 이빨이 되어 돌아와
내 어느 부위를 오싹, 물어뜯지는 않을까

튀어 달아나는 단서들을 하나하나 주워 모아
은박지로 꼭꼭 싸고 노끈으로 묶어서
아무도 모르게 땅속 깊이깊이 심는다

손나래

중앙대학교 예술대학원 문예창작전문가과정 수료(28기)
방송통신대학교 국어국문학과 졸업
2011년 근로자문학상 시 부문 수상
2017년 『월간문학』 시 당선
2018년 시집 『지구특파원 보고서』
E-mail : ssm2945@hanmail.net

늙은 의자 외 4편

—양로원

저 의자는 삶의 현장에서 퇴출되어 왔을 것이다
허수아비가 보초를 서고 있는
산비탈 유채밭 유배지로 유배를 당한 것이다
평생을 무릎 꺾어 허리 한번 펴지 못했던
고단한 관절과 녹슨 근육의 부피에서
지나온 삶이 짓물러 내린다
그 상처를 더듬어보는 햇살이 소름을 털어내고
한 번도 띄어쓰기해본 적 없이
고통에 밑줄을 그어 온 생애가 통증으로 빛나고 있다

죽어 환생하여 또 다른 삶이 있다면
사구를 짊어지고 개미 순례의 길을 갈지라도
바람을 말아 피리 부는 넝마주이로 살지라도
ㄱ. 역이나 ㄴ. 은자로 살아야만 했던
의자는 꿈꾸지 않으리라

재활용 라인에서도 퇴출된 육신을 보듬어
무지개처럼 일어서지 못하는 사색의 절정에서
모래 먼지가 의자의 무릎 위에 지문을 새기며
햇살이 무덤을 파는 어스름 하늘에

노을이 숨을 고른다

어떤 인생

단풍나무는 낮술에 취해
붉은 단내를 말아 피우고
허공에 삿대질이다

평생 삿대질 같은 삽질만 하였는지
제 무덤자리 하나 파지 못하고
이슬에 젖고 황사에 밀려서
막차를 놓친 것처럼
죽을 시간마저 놓치고
버스 터미널 앞 광장에 바람벽을 쌓으며
히히한 웃음 송곳니로
소주병을 깨물고 있다

오징어 다리가 감겨 있는
밑창 떨어진 신발도
혓바닥처럼 날름거리며
알코올을 핥아먹고 있다

뿌리가 있어야 가지를 밀어 올린다

뿌리가 하늘에 떠 있다
태초 이래로 바닥을 한 번도 떠나본 적 없는
뿌리들, 바닥을 치고 하늘에 떠 있다

바닥에서
더 바닥으로 추락한 지하도
신문지 장판 위에서
하품을 씹어 배를 채우고 있는 그들

IMF라는 개딱지에 걸려
뿌리가 잘리고, 목이 잘리고
수액마저 빨리고도
더럽게도 거룩한 세상에서 이유가 되지 않는 나무들

한때는 뿌리에서 가지를 밀어 올려
바람을 지휘하고
푸른 음악을 연주한 이파리였던 뿌리들
바닥을 치고 하늘에 떠 있다

여의도 철새

세상 먼지 속을 달려온 자동차, 자동세차기에 올려놓았다 자동으로 세제 뿌리고, 물 뿌리고, 걸레질하고, 바람 불어 물기 말리며, 참으로 편리하게

하는 인간 자동세척기는 없을까

목욕탕에서 등 밀어주는 세신 기계가 아닌, 세상을 잘못 독서한 마음의 오타를 자동으로 잡아주는 컴퓨터 같은

생각이 흐린 날 시야를 닦아주는 자동차 와이퍼처럼 마음의 창을 닦아 주는

하얀 설원 위에 자신을 닦고 있는 강원도 덕장의 황태들, 수초를 오가던 비릿한 바다 냄새와 내장까지 닦아내는데

조개를 구울 때면 쩍쩍 벌어지는 입들, 속에 있는 혀까지 다 빼주고 빈껍데기만 남아 요란하게 밥그릇에 부리 부딪히는 여의도 철새들

여의도 넘어, 송홧가루가 세상을 덮고 있는 것이 "진토 된 백

골의 임 향한 일편단심의 넋인가, 낙락장송에서 흘러나온 독야청정의 독백인가"

차창에 얼룩진 무늬를 닦아 내는 저 와이퍼가 충신이다

비바

4년마다 지구촌에는 거대한 가마솥을 걸어 놓고 심장을 태운다 누룽지처럼 바삭바삭 타들어 가는 둥근 심장을

국경을 그어놓고

중원을 장악하며, 적진을 유린하는 전사들

원형경기장 투우처럼 뿔을 세운 악마들, 함성에 촌부들도 머리에 뚜껑을 열어 보름달을 담아 흔들고 다닌다

악마들 식사는 그물에 출렁거리는 월척, 먹어도 먹어도 포만감이 없는 함성

강을 넘을 때마다 붉은 황토 물결

거리에서 출렁거리며

구경하던 빌딩들도
얼굴에 빨간 루주 바르고 있다

이수니

중앙대학교 예술대학원 문예창작전문가과정 수료(29기)

2015년 『시와 표현』으로 등단

인천문인협회, 굴포문학회 회원

『시와 표현』 기획위원

E-mail : leesun7179@hanmail.net

웃음 난로 외 4편

웃는 얼굴에 두 손을 대면 따뜻하다
웃는 입에선 활짝 핀 입김이 호호 나오고
자칫, 깔깔거리는 웃음은 뜨겁다

불씨를 품은 색시 같은 화롯불
다다닥 모여 웃는 모닥불
엉덩이가 무거운 구들장 아궁이 군불
화들짝 번개탄불, 은근히 미소 짓는 연탄불,

이 모두가 웃음의 종류들이다

따뜻한 아랫목은 한 집의 웃는 얼굴이다
이불 밑으로 손을 넣으면 따뜻한 웃음이 번져나온다
웃음은 어느새 거미줄을 치고
차가운 얼굴을 걸러낸다

활짝 핀 꽃들에게선 봄의 웃음들이
실타래처럼 히죽히죽 풀려 나온다
꽃밭은 담장 안의 아랫목
불타는 아궁이 같은 꽃밭에선

보글보글 꽃이 끓는다

웃음은, 뒤뚱거리는 아기의 걸음마
무지개를 잡을 수 있을 거라고,
겨울을 따뜻하게 날 수 있는 방법은
웃음 난로를 피워내는 거라고

웃음 환한 어머니의 얼굴엔
자글자글 열선들이 무수히 엉켜 있다

파란 틈

시멘트 마당 틈으로
파란 풀 한 포기 달린다.
틈은 환형동물처럼 꿈틀거리며
파란 여름에 동참한다.
모든 틈은 파란색 내장을 갖고 있을 것 같다.

한 포기의 증거다.

금이 간 마당의 틈은
휘어진 실금을 이끌고 온 선지자이던가,
난민의 비좁은 텐트 속이다
빗물이 스며드는 국경의 철조망이다.
잠자리의 착각이 앉았다가 가고
풀은 파란 틈을 먹고 달리는
저 틈은 파도의 끝,
죽은 아이를 밀쳐놓고 있는 해안이다.

파란 틈의 꼬리를 잡고
철조망이든 바다든 놓지 않는다.
아무려면 어떤가,

실금의 궤적을 따라 파란 풀 한 포기
우왕좌왕 달리고 있지 않은가
숨이 가쁜 기차처럼, 방향 없는 보트피플처럼
헐떡이는 레일 위를 노란 돛을 달고

시멘트 끝나는 곳, 흙 마당을 향해
달리는 파란 풀 한 포기
마당 하나 갖고 싶다는 표시다

스키드 마크

정지의 순간이 길다
그것은 주저한 자리가 아니다
맑은 하늘에 회색구름의 스키드 마크 찍혀 있다
다급한 순간이 결심으로 바뀌고 정지하기까지 어떤 자리는
무언의 증거로 선명하다

한때 그는 단거리 육상 선수였다
참가번호표를 달고 질주하던 트랙
공기를 뚫고 시간을 가로지르던 그의 몸에는
0.001초의 미세한 순간까지
오차범위의 숨 줄기가 가득 차 있었다.
결승점을 통과한 뒤에도 남아 있던 초침의 헉헉거림들
오늘은 보행기를 잡고 저가 흘러버린
오차의 시간들을 따라가고 있다.
자꾸 보행의 밖으로 뻗어 나가려는 스키드 마크
달린 만큼 저항의 공기들이 짐승처럼
그의 걸음에 매달려 킁킁거린다.

어떤 급정거에도 흔적은 남는다.

관절마다 총성이 울려도 허우적거리는
그 흔적으로 느리게 트랙을 실천중이다.
회색 구름 속엔 무수한 정지선 같은
빗금들이 그어지고 있다.

노박덩굴 설비사

봄은 살랑대는 바람을 앞세워 노박덩굴을 열고 초록색 염료를 들이붓고 간다. 누구도 본 적은 없지만 버팀목도 없이 얼기설기 햇살바라기 방식으로 설비를 한다 처음부터 설계도는 안중에도 없다 굴뚝도 없는 공장, 노방路傍에 무허가로 설비를 해 놓고 황록색 꽃을 생산한다.

이 복잡한 설비는 어떤 소음도 폐수도 방출하지 않는 친환경 녹색공장이다. 가끔 직박구리가 감독관으로 파견되어 설비 구석구석을 다녀가고, 덩굴 아래쪽에는 까만 눈의 무자치가 똬리를 틀고 지켜보다 간다.

늦가을이 되면 공장의 설비들이 하나, 둘 서서히 열기가 식어 간다. 여름 한 철 뜨겁게 달구어진 제품들은 약발이 있다고 아랫마을 새댁이 귀띔을 하는 바람에 먼 동네 약초꾼들까지 북새통이다.

노박덩굴 설비는 다 뜯어가고 뼈대만 남은 공장은 새 봄의 설비도면에 덩굴을 이리 틀고 저리 틀어 봄을 설계 중이다.

여름옷 뜨기

나의 몸 둘레만큼 코를 뜬다.
어린 들숨을 한껏 들이마신 꿈은
아직 날숨에 이르지 않았지만
마파람이 쉽게 드나들 수 있게
헐렁하게 품을 맞추어도 좋겠다.
허리춤엔 결리는 칡넝쿨 같은 실을 쓰면 안 되겠지
풋내 나는 자두나무의 뭉쳐진
그늘을 풀어 목덜미를 짜도 좋겠다.
목덜미 가장자리에 무늬를 새기는 실로는
나팔꽃 줄기만 한 것이 없겠지
목덜미에 새로 생긴
주름살 한 줄 곁들이면 조금 여유로워지겠다
새치가 박힌 머리카락, 열린 사립문으로 들어와서
뒤란 들창으로 빠져나가는
소나기 바람 줄기로 주름을 짜 넣으면
한여름에도 한기가 으스스 돋겠다.
두 팔목은 토란 밭고랑 북을 돋우는 일을 시켜 놓고
그 사이 어깨까지 마무리 짓는다.
무심한 등짝은 갑작스런 소나기 빗살로 뜨면 좋겠고
오후 한나절 등나무 그늘을 빌린 깜박 졸음에,

듬성듬성 코가 빠진 가슴팍에는
마파람을 꿰어 넣어도 좋겠다.
입다보면 늘어지는 곳이 생기겠지
늘어지지 않는 것은 지나간 시간뿐이니
살짝 그리움으로 느슨하게 짜도 좋겠다.
촘촘히 코를 짠다. 허리쯤에
그리움을 닮은 보라색 도라지꽃으로 주머니를 달고
마무리로 한여름 밤 반딧불을 모아
보일 듯 말 듯 단추를 달아도 좋겠고
풋살구 몇 개 따다가 달아도 좋겠다.
어차피 실로 뜬 옷이나 얼기설기 얽힌 일들이란 다
그 신맛에 찡그린 얼굴들이니까.

이인

중앙대학교 예술대학원 문예창작전문가과정 수료(29기)

2013년 『시인동네』 신인상 수상

2018년 경기문화재단 창작지원금 수혜

E-mail : dltjdwk717@naver.com

산당화 외 4편

저 집 귀신은 꽃향기를 좋아한다고
아혼의 요강은 말했다

봄빛을 밀어내는 담장 안엔 지린내가 멈췄고
운명을 비껴간 요강은 창호문에
갇혀 혼자 살았다고 했다

엉겨 붙은 쪽머리 풀어헤치면
담장 바깥을 훤히 밝히는
산당화가 핀다고 했다

꽃가마 소리 없이 타고 와서
꽃 웃음으로 돌아오는
무명치마 깃이 설핏 보이기도 했다

그녀는 요의를 참다가 산당화 그늘 밑에서
무가를 잘근잘근 씹다가 뱉었다

하늘이 데려간 목숨을 꽃그늘 신단지에 모셔놓은 집
누군가 잰걸음으로 그 앞을 지나갈 때

붉은 빛에 홀릴까봐
길이 먼저 발뒤꿈치를 들고 있었다

미열에 들뜬 산당화 무럭무럭 자라
부적처럼 담장을 넘어올 때
굽은 어깨 몇몇이 삼색 깃발 펄럭이고 있는
대문 안으로 사라진다

뱀딸기

그곳에 가면 뱀이 나온다고 했다
독이 있으니 먹으면 안 된다고
할머니의 주름 접힌 잔소리가 어린 귀를 잡아당겼다
아무리 많이 먹어도 배부르지 않던
한바탕 뛰어놀고 나면
먹을 것밖에 생각나지 않던 시절이었다
유월 볕에 푸른 힘줄 뻗으며 땅 위를 기어가다
바닥의 통증까지 손아귀로 움켜쥐고
뿌리내린 뱀딸기
그들이 뱉어낸 오종종한 열매
터질 듯 부풀어 오른 붉은 과육의 유혹이
허기진 입맛을 사로잡았다
망설임 없이 뱀딸기 한입 베어 물자 물컹,
단맛이 입 안을 한 바퀴 돌아
목젖으로 간질간질 넘어가려는 순간
나를 올려다보는
차갑고 날카로운 눈빛,
놀라서 언덕 아래로 내달리던 기억
우연히 길을 걷다 뱀딸기 어린 줄기만 보아도
오래 전 달팽이관에 들어앉았던

주름 접힌 잔소리가 튀어나온다

그곳에 가면 뱀이 나온다고 했다

빈집의 여백

밤늦도록 불빛 환하게 새어 나왔던 집
언제부터인가 가뭇없이 빛은 사라지고
집은 정체불명의 냄새로 출렁거렸다

골목에서 부는 바람으로 부풀린 냄새가
긴 꼬리를 흔들며
골목을 휘젓고 다닌다

날이 갈수록 냄새는 깊어지고
문밖으로 쉴 새 없이 흘러나왔다
골목은 냄새의 배후를 찾아
몇몇 도시 유목민들을 모여들게 했고
짧은 시간 안에 냄새의 배후가 바닥을 드러냈다

발견된 변사체에서
씨알 굵은 구더기가 먼저 현관 문지방을 넘었고
골목 안 생면부지의 사람들은
서로 낯익은 듯 은밀한 귀엣말로
귀를 통통하게 살찌게 했다

유족의 사체 포기 확인서 한 장으로
울타리 밖으로 밀려난 남자

유품처리업자는 눈빛 혈떡이며
소독약으로 빈집의 여백을 채웠지만

골목 안으로 스며들었던 냄새는
또다시 제 몸피를 늘리며
남은 이야기를 풀어내기 시작한다

동박, 동백꽃

동박새가 유두처럼 생긴 꽃봉오리 쪼아대는 대낮
동백 숲에 드니
산도産道 열고 순풍순풍 붉은 꽃 피어나는
오랜 수령의 동백나무에서
피, 비린내가 난다

한 달에 한 번씩 꽉 차오르는 아랫배 움켜쥐고
붉은 혈 질펀하게 쏟아내야 가벼웠던 몸
자식 둘을 낳고 이제는 자궁 문이 닫히는 중이다

시도 때도 없이 벌겋게 홍조 띤 얼굴
계절과 상관없이 불 같은 적막을 견뎌내며
새벽 맞는 일 허다하다
도대체 틈을 주지 않는다
여자가 빠져나가는 몸에선 버석버석 물기 마른 소리 들린다

동박새 앉았다 간 나뭇가지
낭창낭창 휘어진다
춘정에 못 이긴 꽃 모가지 우수수 떨어진다
저 홍건하게 젖은 붉은 혈 서럽도록 화사하다

달빛 환하게 내려앉는 밤
나, 거기 동백 숲에 들어 발정 난 동박, 동박새와
한 열흘쯤 몸을 섞다
덜컹, 애라도 밴다면
완강하게 달려드는 갱년기 견딜 만하겠다

사흘 밤낮

목련나무가 상중喪中인가 보다

캄캄한 밤이 목련꽃 속으로 들어간다
부고란 봄빛이 죽는 연습을 마치고 꽃무늬를 짜는 일

북극성도 조문을 와서 잠시
목련나무의 몸을 환히 비추기도 했다

이 소식을 듣고 먼 길 온 딱따구리의 곡소리가
봄밤을 흔들었고
지난겨울 내내 나무 허리춤에 몸을 맡긴
청설모가 눈 비비며 앉았다 가자
몸 뒤척이는 목련나무,
한 잎의 그늘이 하르르 떨어지는 소리가 보인다

바람을 들이고 비를 긋는 구름의 계절이
잠시 몸 뉠 자리도 있었다

꽃 진 자리에서 사흘 밤낮 곡소리가 들린다
마지막 뫼 밥을 올리고

산모롱이를 돌아나가는 새떼들도 있다

풋잠을 터는 것은 진흙을 씻는 나무뿌리였다
뒷걸음으로 왔다가 되돌아가는 황사가
사라진 날이기도 했다

조재학

중앙대학교 예술대학원 문예창작전문가과정 수료(28기)
1998년 『시대문학』으로 등단
시집 『굴참나무의 사랑 이야기』『강 저 너머』
『날개가 긴 새들은 언제 오는가』
第30회 경북문학상 수상
한국문인협회 회원
E-mail : jaek5621@hanmail.net

당신이 꿈꾸는 동안 외 4편
—소

나는 나무에 기대어 그녀를 기다렸어요 불에 구운 비스킷을 가득 실은 수레를 밀고 앞치마를 두른 그녀가 왔지요 그녀는 손바닥을 내밀었어요 값을 묻지도 않고 머리 위의 구름을 떼어 반만 주었어요 부족하다는 듯 그녀가 얼굴을 찡그렸어요 다시 지갑을 열고 꽃을 꺼내 주었어요 그녀는 가버리고

숲으로 가는 다른 길을 보았어요 잘 다져진 황톳길이었어요 키 큰 나뭇잎에서 햇빛이 반짝였어요 주위를 둘러보았어요 언덕 아래에는 분지에 갇힌 사자가 어슬렁거리고 있었어요 반짝이는 사자의 등에 작은 새가 흰 날개를 접고 있었어요 나는 사자와 눈이 마주치지 않으려고 몸을 움츠렸지요 언덕 위로 사자가 올라올 수 없다는 걸 알았지만 떨렸어요

당신이 꿈을 꾸는 동안 나는 늙고 허약한 소 한 마리를 안고 숲으로 가고 있었어요 내가 왜 소를 안고 가야하는 지 알 수 없었지만 그렇게 가고 있었어요 그런데 언제 내 품에 있었던지 새끼 원숭이가 고통스러워하고 있었어요 소가 새끼의 머리를 짓누르고 있었어요 길에 모인 원숭이들이 소리쳤어요 내려놔! 내려놔! 그 소리에 돌멩이들이 대굴대굴 굴렀어요 소를 내려놓

앉어요 문득 소는 없고 원숭이는 가버렸어요 멀리서 상수리나
무숲이 일렁거리고 있었어요

새들의 슬로우 비디오

앞에서 불어오는 바람에 플라타너스의 몸이 뒤쪽으로 기운다
그리움이 어디서 오는지 나에게 묻는다
없는 나무에 앉아 있는 새들의 소란이 슬로우 비디오로 지나가고 있다

생각은 땀을 흘리고 증발해서 소나기가 된다
문자 같은 물의 뿌리가 얕은 여울목에 걸려 넘어진다
직선으로 왔다가 곡선으로 흐르는 것들 회오리를 숨기고 있다

그 정원의 사철나무는 말이 많다
햇볕을 피해 목피가 터진 가지를 나뭇잎 아래 감춘다
입을 다문다
어젯밤엔 어둠에 기대어 없는 그림자와 이야기했다
아무도 듣진 못했다

신들의 정원엔 없는 게 많다
나는 팔이 길지만 어떨 땐 생각만으로도 사과를 훔칠 때가 있다
신은 가끔 무상으로 사과를 빌려줄 때가 있다
내 발자국은 신의 눈매를 닮았다

날개가 긴 새들은 언제 오는가

나를 두고 온 것입니까

빛의 덩어리 같은 몸의 한 조각은 저 세상에 두고 왔다고 그분이 말합니다

그것이 언제 적 일입니까 내가 묻습니다

이 알 수 없는 진동에 이토록 휘둘리는 것이 두고 온 그를 열망하는 슬픔 때문입니까

눈물의 색깔이 나와 닮은 그대를 오래도록 생각하는 것도 그 때문입니까

흰 담장에 무더기로 핀 넝쿨장미를 만져보고 싶은 것도

사막에서 지나가는 사람의 발자국을 대야로 덮어놓았다가 선인장처럼 외로워지면 대야를 벗기고 그것을 보는 것도 그 때문입니까

깊은 밤 글자들이 몰려와서 자신들로 세상을 창조하라고 조르는 것도 그 때문입니까

정말 나는 나를 두고 온 것입니까

저녁 답 혼자 남은 집에서 설거지를 할 때에 등 뒤에서 느껴지는 따뜻한 기운은 누구입니까

어느 날 밤 나는 어딘가에서 돌아와 거울에 기대어 오열했던 적 있습니다 거울 속에서 물끄러미 나를 보고 있던 그 기운은 누구입니까

꿈속이었지요 시간의 저쪽이라 했습니다 언덕이 있는 아름다

운 정원에서 팔 벌려 노래 부르던 그 이상한 기운은 누구입니까
지는 해를 보며 노래 부르던 강변의 그대를 오래도록 생각하
는 것도 그 때문입니까
나의 인도자는 어디에 있습니까 인도자는 있는 것입니까
나는 햇빛을 향해 눈을 감고 서 있습니다 지금 내 눈꺼풀 안에
서 어른거리는 이 빛은 누구입니까

별

이제 내 별의 불을 끄고 잠자리에 들어야지 그는 이제 제 별의 불을 켜고 아침을 맞을 것이다 내가 불 꺼진 별들 사이를 헤집고 다니는 동안 그는 세수를 하고 옷을 입고 가방을 들고 집을 나와 거리의 햇빛 사이를 지나갈 것이다 횡단보도에서 떠드는 계집애들을 만날 것이다

—내 속에 우글거리는 주의보가 있어
계집애 a가 옆을 돌아보고 말하는

—손을 뒤집었어 하얘졌어
계집애 b가 팔짝 뛰며 말하는

—사라지고 있어 저 봐 빛 속으로 가고 있어
계집애 c가 고개 흔들며 말하는

1000km의 속도로 달려온 별이 배에서 무릎 사이를 통과하며 갔다 몸이 찢겨져 세 동강이 난 그가 가고 있다 찢어진 채로 왼발이 앞으로 나가고 발꿈치를 들고 오른발이 따라가고 있다 찢어진 상반신이 공중에 뜬 채로 움직이고 있다 그는 자기 몸이 찢겨나갔는지도 모르고 가고 있다 그의 시선은 멀리 있다

나무가 우글거리는 제 속을 하얗게 밀어 올리는 숲을 지나 눈도 뜨지 못한 것들이 비틀비틀 고개 내밀고 있는 골짜기를 걸어 동굴 속을 헤매는 동안 동굴이 열리고 하얀 빛이 들어오고 사이로 하얀 것이 파편처럼 깨어져 아무 것도 보이지 않는 동안

문산 · 바람

바람을 보았다

계집애들 치마를 들치며 아이스께끼- 소리 치고 도망갔다
아무렇게나 얽혀서 뻗어 내리는 개나리 줄기였다
머리카락을 산발하고 찢어진 치마를 입고 미친년처럼 달려왔다
방공호에 숨겨둔 포를 불쑥 들춰 보이며

군복을 입은 버짐나무가 냇둑에 서 있었다

4월이었으나 벚꽃은 피지 않았다

페인트칠 벗겨진 누런 벽과 녹슨 창살의 건물이 있었다
바람이 붉은 땅을 고르고 축대를 쌓고 나무를 심고
종일 경계를 지른 밧줄을 흔들었다

잉걸족의 따뜻한 불빛을 보는 기쁨

이승하(시인 · 중앙대 교수)

여기 열 명의 글벗이 있습니다. 이들은 2013년 봄에 처음 만났습니다. 동작구 흑석동에 있는 중앙대학교에서였습니다. 중앙대학교 예술대학원에 문예창작전문가과정이 만들어져 어언 14년의 역사를 쌓아가고 있을 때였습니다. 이들은 평생교육원 개념으로 운영되고 있던 문예창작전문가과정에 등록해 시 창작과 이론에 대한 강의를 듣게 되었습니다. 등단을 한 이도 있었지만 시를 더 잘 쓰고 싶어서였습니다. 이미 다들 이순耳順을 바라보고 있었고, 때늦은 시 공부에 진전이 있을까 반신반의하면서 등록을 했던 것입니다.

2013년 봄, 25기 입학생 노수옥은 수료 후에도 몇 년째 심화반 등록을 해 정규반 청강을 하고 있었고, 28기 주간반에 강스텔라·손나래·조재학이, 29기 주간반에 고은진주·김순자· 김유·백성·이수니·이인이 다니고 있었습니다. 이들은 1년 과정을 마친 후에도 심화반 등록을 해 다님으로써 2년 정도 동문수학하는 인연을 맺게 되었습니다.

저는 이들이 정규반에 다닐 때와 심화반에 다닐 때 한 학기씩 지도한 결과, 사제지간이 되었습니다. 이 인연이 2018년인 지금까지도 이어지고 있으니 6년째입니다.

수료식을 하고 나면, 또 심화반에 등록해 한두 번 다니게 되면 뿔뿔이 흩어져 각자 시인의 길을 걸어가는 것이 상례였는데 이들은 그렇게 하지 않았습니다. 그때 함께 다닌 스물여섯 명 중에서 딱 열 명이 모여 정기적으로 모임을 갖게 되었습니다. 누군가 등단을 했을 때, 시집을 냈을 때, 수상을 하게 되었을 때, 이들 열 명은 반드시 모여서 축하를 해주며 우의를 다졌습니다.

모임의 이름을 '잉걸족'으로 붙였다고 합니다. 잉걸은 불잉걸이라고도 하는데, 불이 이글이글하게 핀 숯덩이를 가리키는 순우리말이지요. 잉걸불은 이글이글 핀 숯불이나 다 타지 않은 장작불을 가리키는 말이지요. 즉, 이들은 '우리 나이 이제 이순을 넘겼지만 여전히 활활 타고 있는 장작불이야, 그렇지 않으면 이글이글 타오르고 있는 숯덩이야' 하고 말하고 싶었던 것이 아니었을까요?

이들은 만남 6주년을 기념하여 동인지를 내고자 의기투합하였고, 각자 5편씩의 시를 써 모았습니다. 그간 앞서거니 뒤서거니 등단도 했고 시집을 낸 이들도 있었지만 제일 보기에 좋은 것이 이들의 우의가 아닐까 합니다. 사는 지역도 다 다르고 현

재의 생활환경도 다 다른데, 기쁜 소식이 전해지면 어쩌면 이렇게 잘도 모이는지, 감탄하지 않을 수 없습니다. 시가 도대체 무엇이기에!

강 스텔라 시인은 사진작가 겸 작사가입니다. 무거운 사진기를 들고 어떤 장면의 순간 포착을 위해 동분서주하며 살아가지요. 아직 등단은 하지 않았지만 이번에 실은 시를 보니 아주 좋아졌습니다. 올해 안에 등단할 거라는 예감이 듭니다.

고은진주본명 고은희 시인은 「무싹을 바라보는 견해들」로 2016년 5 · 18문학상에, 「밀풀」로 2018년 〈농민신문〉 신춘문예에 당선된 실력자입니다. 이런 수상에 만족하지 않고 『시인수첩』 신인상에 투고하여 당선통지를 받았습니다. 3연타석 홈런을 때렸다고 할까요. 최근에 84세 연세의 아버지를 모시고 강화도 여행을 한 것이 언론지상에 크게 보도되기도 했습니다. 내년에는 첫 시집이 나오지 않을까 기대하고 있습니다.

김순자 시인은 2000년에 등단하여 시집을 3권 낸 중견시인입니다. 굴포문학회 회장을 역임했으며 인천문인협회에서 활동하고 있습니다. 2004년, 2008년에 인천문화예술재단 창작지원금을 받아 2권의 시집을 냈습니다. 모임의 맏이로서 큰 포용력으로 리더의 역할을 하고 있습니다.

김유본명 김영한 시인은 2014년에 등단하여 1권의 시집을 냈습니다. 공공기관에서 정년퇴직하고 유유자적 등산이나 하면서 나날을 보낼 수도 있을 텐데 철도건널목 관리인으로 지내고 있습니다. 생활 자체가 잠과의 싸움이라고 할까요, 수면부족으로 힘들어하면서도 귀뚜라미처럼 깨어 열심히 시를 쓰고 있습니다.

노수옥 시인은 2015년에 등단하여 등단 이전에 썼던 시를 묶어 『사과의 생각』을, 이후에 쓴 시를 묶어 『기억에도 이끼가 낀다』를 펴냈습니다. 독실한 신앙인이면 시가 잘 안 되는 경우가 있는데 시심과 신앙심이 한 뿌리임을 작품을 통해 말해주고 있습니다.

백성본명 백성기 시인은 『문학나무』를 통해 한 번은 시로 한 번은 스마트소설로 등단한 이후 시집과 소설집을 연이어 펴내 시인으로 불러야 할지 소설가로 불러야 할지 모르겠습니다. 시집 『백수선생 상경기』, 스마트소설집 『번트사인』이라는 제목에서도 알 수 있듯이 유머센스가 아주 뛰어난 특징을 갖고 있습니다.

손나래본명 손석만 시인은 진주시내에서 버스 운전기사를 하면서 살아왔는데 과감히 사표를 내고 펜을 잡았습니다. 방송통신대학교 국어국문학과를 졸업했고 근로자문학상 시 부문에서 상을 받기도 했지만 시 작법을 제대로 배우고자 중앙대학교 문예창작전문가과정에 등록했습니다. 진주에서 서울까지 2년 동안의 통학. 그 거리와 통학 시간에 감동했지만 써 낸 시는 늘 실험의식이 충만했습니다. 그 결과 작년에 『월간문학』에 시가 당선되었고 올해 시집 『지구특파원 보고서』를 펴냈습니다. 인간 승리의 표본이지요.

이수니 시인은 함께 오랫동안 굴포문학회에서 활동하다 2015년에 『시와 표현』으로 등단, 시집 출간을 준비하고 있습니다. 제가 심화반 수업을 할 때 식사를 못하고 들어오는 것을 알고는 도시락을 여러 번 싸 와 저를 감동시키고는 했습니다. 이제는 시로써 저를 감동시킵니다. 주변 사람들에게 늘 베푸는 스타일이지요.

이인본명 이성자 시인은 중앙대학에 오기 전에 마로니에여성백일장에서 우수상을 받은 경험이 있었습니다. 전문가과정에 다니면서 『시인동네』 신인상을 받았습니다. 올해 경기문화재단 창작지원금을 받아 첫 시집 발간 준비에 박차를 가하고 있습니다.

조재학 시인은 1998년에 등단하여 이미 3권의 시집을 출간한 중견시인입니다. 전국 규모 시낭송대회에서 대상을 받은 뒤에 시낭송가로도 활동하고 있습니다. 제30회 경북문학상을 받은 것은 35년 교육자로서의 공로와 시와 시낭송 분야에서의 공로를 인정받아서였습니다.

이상 열 명의 시인은 숯에 다시 불을 붙여 이글이글 타오르고자 불꽃같은 시를 모았습니다. 아마도 매년 동인지를 내면서 이들의 우애는 더욱더 깊어갈 거고 시세계도 더욱 심원해질 것입니다. 시를 쓰기 때문에 인생의 아름다움을 아는 잉걸족의 따뜻한 불빛을 보며 저도 한량없는 기쁨을 느낍니다. 다들 건강하고 건필하기를 빕니다.

당신이 꿈꾸는 동안

1판1쇄 2018년 8월 20일

지은이_ 조재하 외 9명
펴낸이_ 윤승천
펴낸곳_ (주)케이엠

등록번호_ 제25100-2013-000013호
주소_ 서울특별시 은평구 가좌로 10길 26
전화_ 02-305-6077(대표)
팩스_ 0505)115-6077 / 02)305-1436

값 8,000원
ISBN 978-89-9675-278-3 (03810)